BEI GRIN MACHT SICH IHR WISSEN BEZAHLT

- Wir veröffentlichen Ihre Hausarbeit, Bachelor- und Masterarbeit

- Ihr eigenes eBook und Buch - weltweit in allen wichtigen Shops

- Verdienen Sie an jedem Verkauf

Jetzt bei www.GRIN.com hochladen und kostenlos publizieren

Inseln als Orte in der Literatur. "Insel der blauen Delphine" von Scott O'Dell

Klara Wessels

Bibliografische Information der Deutschen Nationalbibliothek:

Die Deutsche Nationalbibliothek verzeichnet diese Publikation in der Deutschen Nationalbibliografie; detaillierte bibliografische Daten sind im Internet über http://dnb.d-nb.de abrufbar.

ISBN: 9783389051788
Dieses Buch ist auch als E-Book erhältlich.

© GRIN Publishing GmbH
Trappentreustraße 1
80339 München

Alle Rechte vorbehalten

Druck und Bindung: Books on Demand GmbH, Norderstedt Germany
Gedruckt auf säurefreiem Papier aus verantwortungsvollen Quellen

Das vorliegende Werk wurde sorgfältig erarbeitet. Dennoch übernehmen Autoren und Verlag für die Richtigkeit von Angaben, Hinweisen, Links und Ratschlägen sowie eventuelle Druckfehler keine Haftung.

Das Buch bei GRIN: https://www.grin.com/document/1493544

Technische Universität Dortmund

Fakultät 15: Kulturwissenschaften

Seminar: Von Aiaia über Felsenburg und IRAS bis Alcatraz -Inseln als utopische/dystopische Orte in Literatur und Film

SoSe 23

Hausarbeit zum Thema:

„Weiblicher Robinson Crusoe?"

Allgemeine Darstellung der Inseln als Orte in Literatur und Untersuchung der Fragestellung: „Stellt das Jugendbuch „Insel der blauen Delphine" von Scott O'Dell eine weibliche Version der Geschichte Robinson Crusoes dar?"

BA Lehramt Grundschule, 4 Fachsemester

10.09.2023

Inhaltsverzeichnis

Inhaltsverzeichnis

1. Einleitung — 1

   1.1 Einführung ins Thema — 1

   1.2 Nennung und Begründung der Fragestellung — 1

   1.3 Aufbau Hausarbeit — 2

2. Theoretischer Teil - allgemeine Begriffserklärungen — 2

   2.1 Inseln als Orte in Literatur — 2

   2.2 Robinsonade — 3

3. Untersuchung der Fragestellung — 4

   3.1 Büchervorstellung — 4

      3.1.1. Daniel Dafoe (1719): Robinson Crusoe — 4

      3.1.2 Scott O'Dell (1960): Insel der blauen Delphine — 5

   3.2 Robinsonaden Charakteristika — 5

      3.2.1 (Unfreiwillige) Isolation — 5

      3.2.2 Überlebensarrangement — 6

      3.2.3 Natur-Zivilisation-Konflikt — 7

      3.2.4 Asyl und Exil — 8

      3.2.5 Reise nach Innen — 9

      3.2.6 Modell als Vorbild oder Abbild — 10

      3.2.7 Robinsonaden Charakteristika - Fazit — 11

   3.3 Weiblichkeit und Robinsonade — 11

   3.4 Beantwortung der Fragestellung — 11

Literaturverzeichnis

1. Einleitung

1.1 Einführung ins Thema

„Reif für die Insel" ist doch jeder mal. So wird assoziiert, dass man eine Pause vom Alltag braucht und sich dafür der einsamen Idylle der Insel bedienen will. Mit Insel wird demnach ein friedlicher Ort, mit wohltuender Idylle und Abgeschiedenheit, verstanden, mit dessen Hilfe der Alltag vergessen werden kann. Insel, ein Raum, der scheinbar unberührt und abgetrennt vieles möglich macht und zum Träumen und Entspannen einlädt. Ein Ort, mit vielfältiger Bedeutung und Funktionen, nicht nur sichtbar in Alltagsfloskeln und Zitaten, sondern auch in der Literatur. Geschichten, die auf oder im Zusammenhang von Inseln spielen, sind daher aus dem heutigen Literaturkanon nicht wegzudenken. Seit Jahrhunderten bedienen sich unzählige literarische Texte und Filmen dem Ort Insel als den Ort ihrer Handlung. Besonders bekannt unter den Inselgeschichten ist die 1719 von Daniel Dafoe geschrieben Geschichte „Robinson Crusoe". Inspiriert durch diese entstehen bis heute viele weitere Geschichten, die sich in Struktur und Inhalt ähneln und ebenfalls oft auf einer Insel spielen. Diese Geschichten werden dem Sammelbegriff „Robinsonade" zugeordnet. Neben der Robinsonade lässt sich die Insel ebenfalls häufig in den Gattungen Utopie und Dystopie wiederfinden. Warum dies so ist, welche Bedeutung und Funktionen die Insel in der Literatur hat und in welchem Verhältnis ein Jugendbuch mit einer weiblichen Protagonistin zur Geschichte Robinson Crusoes steht, wird diese Arbeit im Folgenden beleuchten.

1.2 Nennung und Begründung der Fragestellung

Im Zusammenhang mit dem Lehramtsstudium ist es sinnvoll, sich auf Literatur und dessen Merkmale zu konzentrieren, die auch im Schulkontext und der Lebenswelt der SuS relevant sein könnten. Die Insel ist eines dieser relevanten Merkmale, da sich ebenfalls die Kinder- und Jugendliteratur gerne und oft diesem Ort bedient. Eines dieser Jugendbücher, in welchem die Handlung auf einer Insel spielt, ist das Buch „Insel der blauen Delphine" geschrieben 1960 von Scott O'Dell. Die besondere Relevanz des Buches wird durch den 1963 ausgezeichneten deutschen Jugendliteraturpreis hervorgehoben. Die Geschichte des Buches wird dabei im Internet immer wieder mit der Geschichte „Robinson Crusoe" verglichen. Dies ist, beim ersten Einblick in die Geschichte, in der ein Protagonist allein auf einer Insel lebt, leicht nachzuvollziehen. Jedoch bedarf es eine genauere Untersuchung und mehrerer Faktoren, um es als Robinsonade zu betiteln. Zugleich besteht auch ein signifikanter Unterschied zu „Robinson Crusoe", denn der Protagonist in „Die Insel der blauen Delphine" ist eine Protagonistin. Daraus resultierend ergeben sich zwei Untersuchungsschwerpunkte dieser Arbeit. Zum Einem ist zu prüfen, in wieweit das Buch mit der Geschichte „Robinson Crusoe" wirklich zu vergleichen ist und zum Anderen wie die Weiblichkeit hier einzuordnen ist. Hieraus ergibt sich die Fragestellung dieser Arbeit: „Stellt das Jugendbuch „Insel der blauen Delphine" von Scott O'Dell eine weibliche Version der Geschichte Robinson Crusoes dar?"

1.3 Aufbau Hausarbeit

Die Hausarbeit wird zunächst mit einem theoretischen Teil beginnen. In diesem wird darstellt, was die Insel allgemein als ein Ort in Literatur ausmacht und welche Inselmotive es gibt. Zudem wird die in dem Zusammenhang bedeutende Gattung „Robinsonade" vorgestellt. Nach den allgemeinen Begriffserklärungen folgt der Schwerpunkt dieser Arbeit. Hier wird die Fragestellung: „Stellt das Jugendbuch „Insel der blauen Delphine" von Scott O'Dell eine weibliche Version der Geschichte Robinson Crusoes dar?" untersucht. Hierzu werden zunächst beide Geschichten kurz dargestellt und dann hinsichtlich typischer Merkmalen einer Robinsonade verglichen. Zusätzlich wird gesondert die Thematik der Weiblichkeit aufgegriffen, indem die Vereinbarkeit von Robinsonade und Weiblichkeit kurz unter die Lupe genommen wird. Abschließend wird alles subsumiert und die Fragestellung beantwortet.

2. **Theoretischer Teil - allgemeine Begriffserklärungen**

2.1 Inseln als Orte in Literatur

Was macht die Insel als einen Ort in Literatur so wertvoll und bedeutsam? Hierzu lohnt es sich, sich mit den Inselmotiven an sich auseinanderzusetzen, den die Insel als Ort in Literatur inne haben kann.

„Allen poetischen Inseln ist durch die sie konstituierende Eigenschaft, völlig vom Wasser einer Meeres, Sees oder Flusses umgeben zu sein, Abgeschlossenheit nach ‚drinnen' wie nach ‚draußen' gemeinsam. Man gelangt nicht einfach auf eine Insel, kann nicht ohne Mühe in sie eindringen, sie aber auch anderseits auch nicht ohne weiteres verlassen."(Brunner, 1967, S. 237). Ist diese Abgeschlossenheit aber einmal durchbrochen, so kommt meist ein „Paradies" mit wunderschöner und bisher unbekannter Natur zum Vorschein (vgl. Brunner,

1967, S. 238). Zu betonen ist hier, dass diese Sicht und Bewertung des Ortes aus der Sicht der Fremden geschieht und somit nicht gänzlich unberührt sein muss von z.B. Einheimischen. Dennoch ist es charakteristisch, dass die Insel für die Fremden oft als paradiesisch unberührt, aber auch gefährlich unbekannt aufgefunden wird. Charakteristisch und besonders für die Literatur zum Vorteil ist zudem die Begrenztheit des Raums, denn die Insel lässt sich schnell in seiner Ganzheit erfassen, alles scheint übersichtlich und vom Menschen beherrschbar. Als weiteres Merkmal ist die Dauer zu nennen. Es herrscht eine permanente Gegenwart und es existiert, im Gegensatz zum ‚Draußen' keine Geschichtlichkeit und somit auch keine kontextuelle Einordnung. Die Bewertung der Gegenwart, ob die Insel eine positive oder negative Gegenwart darstellt, geschieht daher aus der Sicht und dem Erleben des Betrachters in Subsumtion seiner bekannten Außenwelt. (Vgl. Brunner, 1967, S.237-240). Hiermit erklärt sich, warum heutzutage, in einer primär turbulenten und von Überbevölkerung bedrohten Welt, der einsame Ort der Insel als eine sehnsüchtige Idylle betrachtet wird (vgl. Weber, 1995, S. 3), denn „Aus dem Spannungsfeld zum Draußen gewinnt sie (die Insel) ihre Besonder-heit." (Weber, 1995, S.3). Kurz zu nennen sind die sieben Inselmotive, die der Wissenschafter Weber heraus gearbeitet hat: 1. kleines Glück: Insel als bergendes Zuhause, 2. Zuflucht und Rückzug: die Insel als Wunsch- und Freiraum, 3. Verlassenheit und Neubeginn: die Insel als Gefängnis und Ort der Bewährung, 4. Ideale Welt: die Insel als utopisches Gesellschaftsmodell, 5. Fremde Welt: die Insel als Ort der Begegnung und Konfrontation, 6. Abenteuer: die Insel als Schauplatz einer spannen Handlung und 7. Robinson und Robinsonaden in historischen Ausgaben (vgl. Weber, 1995). Diese vielfältigen Inselmotive lassen deutlich werden, wie bedeutsam und wertvoll die Insel als Ort in Literatur ist. Die vielen Motive bieten die Möglichkeit für verschiedenste Handlungen und Kontexte in der Literatur verwendet zu werden. Gleichzeitig wird resultierend daraus sichtbar, dass und warum dieser Ort so komplex ist. „Die Insel kann für vieles stehen, sie bietet Raum genug, um sich mit Inhalt füllen zu lassen" (Pichler et al., 2023, S.13) und genau das ist es, was die Literatur ausmacht und wofür die Insel ideal ist: Dinge mit Inhalt füllen.

2.2 Robinsonade

Die Gattung Robinsonade hat ihre Entstehung dem Werk „Robinson Crusoe" von Daniel Dafoe zu verdanken. Unter Robinsonade versteht man im heutigen Sprachgebrauch eine Handlung, in der eine Person oder eine Gruppe aus Zufall, durch z.B. einem Schiffbruch, in einer naturhaften Abgeschlossenheit und unter primitiven Bedingungen (über-)leben muss.

Charakteristisch in der Erzählung ist hierbei ein Fokus auf die Protagonisten und Protagonistinnen selbst, deren Entwicklung, Handlungen und Gefühlen. Im Unterschied zu Utopie geht es in der Robinsonade primär um die Beschreibung des Lebens auf einer Insel und nicht um die Beschreibung der Insel selbst. Die Abgeschiedenheit ist dabei nicht zwingend räumlich zu sehen, weswegen die Handlung auch an einem anderen Ort als auf einer Insel stattfinden kann. Letzteres ist lediglich aufgrund der eindeutigen Abge-grenztheit häufig vorzufinden. Charakteristisch ist zudem, dass die vorliegende Ausgeschlossenheit aus der ursprünglichen Welt und der gewohnten Gesellschaft gegen den Willen der Protagonisten bzw. aus Zufall geschehen ist. (vgl. Brunner, 1967, S.95- 97). Die allgemeinen Gattungskategorien der Robinsonade, in Anlehnung an Robinson Crusoe als Paradigma dieser Gattung, lassen sich grob einteilen in die Bereiche: Isolation, Überlebensarrangement, Natur-Zivilisation-Konflikt, Asyl und Exil, Reise nach Innen und Modell als Abbild oder Vorbild (vgl. Reckwitz, S. 29-114, S.635). Diese Kategorien sollten sich in jeder Robinsonade grob wiederfinden lassen, um dieser Gattung zugehörig zu sein.

3. Untersuchung der Fragestellung

Im Folgenden wird die Fragestellung: „Stellt das Jugendbuch „Insel der blauen Delphine" von Scott O'Dell eine weibliche Version der Geschichte Robinson Crusoes dar?" untersucht. Um diese Frage zu beantworten, sind die beiden Tatbestandsmerkmale „Weibliche Version" und „der Geschichte Robinson Crusoes" zu untersuchen. Zugleich wird mit dieser Frage, resultierend aus der soeben unter 2.3 dargestellten Definition, beantwortet, ob es sich demnach bei dem Buch „Insel der blauen Delphine" um eine Robinsonade handelt. Zur Strukturierung gliedert sich diese Untersuchung in die sechs Gattungskategorien der Robinsonade. Die Weiblichkeit wird als zweiter Aspekt separat aufgegriffen.

3.1 Büchervorstellung

Zu Beginn werden beide Bücher kurz vorgestellt.

3.1.1. Daniel Dafoe (1719): Robinson Crusoe

Das Buch „Robinson Crusoe" wurde 1719 von Daniel Defoe veröffentlicht. In dem Buch geht es um den jungen Robinson Crusoe, einen Kaufmann, der gegen den Willen seiner Eltern, seine gesicherte Existenz aufgibt und zur See fährt. Auf der Seefahrt erleidet er einen Schiffbruch, den er als einziger seiner Besatzung überlebt. Er strandet auf einer unbewohnten Insel in einer fremden Umgebung, wo er versucht, sich ein neues Leben einzurichten. Große Furcht hat er vor den Kannibalen, die ab und an auf die Insel kommen, um dort ihre Opfer zu töten und zu verspeisen. Einmal beobachtet Robinson dies und es gelingt ihm, eines der Opfer zu befreien. Das Opfer nennt er Freitag und er ist von nun an sein Gefährte, so dass Robinson nicht mehr auf sich allein gestellt ist. Als sich nach 28 Jahren die Gelegenheit bietet, die Insel zu verlassen, ergreift Robinson diese und fährt zusammen mit Freitag nach England. (vgl. Klinger, 2013).

3.1.2 Scott O'Dell (1960): Insel der blauen Delphine

Das Buch „Insel der blauen Delphine" wurde 1960 von Scott O'Dell geschrieben und beruht auf einer Geschichte wahrer Begebenheiten. Die Geschichte erzählt aus der Ich-Respektive des Indianer-Mädchens Karana, welches nach der Evakuierung ihres Volkes von der Heimatinsel, die die Form eines Delphins hat, unabsichtlich, aber freiwillig, zurückbleibt und dort 18 Jahre lang allein überlebt. Zu Beginn ist ihr Bruder bei ihr, jedoch wird dieser eines Tages von wilden Hunden auf der Insel getötet. Zunächst pflegt sie resultierend daraus großen Hass den Hunden gegenüber, aber mit der Zeit entwickelt sie eine enge Beziehung zur Pflanzen- und Tierwelt, so dass sie sich sogar schlussendlich mit den Hunden versöhnt. Der Leithund des Rudels wird dabei zu ihrem ständigen Begleiter und Freund. Was jedoch bleibt, ist ihre ständige Sehnsucht nach ihrem Volk. Eines Tages gelingt es ihr, sich von einem Fischerboot zum Festland mitnehmen zu lassen. (vgl. O'Dell, 1966).

3.2 Robinsonaden Charakteristika

Charakteristisch für eine Robinsonade sind die unter 2.3 aufgezählten Kategorien. Sind diese Kategorien in „Insel der blauen Delphine" aufzufinden, kann der Tatbestand, dass es sich um eine „Version der Geschichte Robinson Crusoes" handelt, bejaht werden.

3.2.1 (Unfreiwillige) Isolation

Allgemeiner Ausgangspunkt jeder Robinsonade ist die Isolation. Ein oder mehrere Individuen werden aus der gewohnten Welt unfreiwillig/zufällig herausgelöst. (vgl. Reckwitz, 1976, S.29-33).

In „Robinson Crusoe" geschieht dies durch den Schiffbruch. Diesen überlebt er als einziger und strandet allein auf einer Insel. Auf dieser Insel lebt Crusoe von einem auf dem anderen Moment isoliert von seiner gewohnten Welt. Seine Isolation ist das Ergebnis eines unvorhergesehenen Ereignisses. (vgl. Defoe, 1988). In „Insel der blauen Delphine" bleibt Karana nach der Evakuierung ihres Volkes auf der Insel alleine zurück. Sie ist die einzige

Bewohnerin der Insel und hat, nach dem Tod ihres Bruders, keinerlei Kontakt zu anderen Menschen. Im Unterschied zu Crusoe lebt sie jedoch nicht an einem ihr unbekannten Ort, sondern in ihrer Heimat. Dennoch entspricht ihr Leben dort trotzdem nicht mehr ihrer gewohnten Welt, da sie von ihrem Volk, welches zu großen Teil ihre gewohnte Welt ausmachte, plötzlich isoliert leben muss. Entgegen Crusoe hat sie sich jedoch freiwillig dazu entscheiden, auf der Insel zu bleiben. Diese Entscheidung ist mit Karanas Bindung zu ihrem Bruder, ihrer Verantwortung für die Natur und die Tiere und ihrer Anpassung an das Leben dort zu begründen, sowie das Misstrauen in andere Völker und somit möglichen Rettern. Die Abgeschiedenheit und die dadurch resultierende Isolation prägt Karanas gesamte Geschichte. (vgl. O'Dell, 1966). Zudem finden beide Handlungen auf einer Insel statt, wodurch die räumliche Abgeschiedenheit, durch das vom Wasser abgegrenzte Land, zusätzlich isolierend auf die Handlungen und Individuen wirkt. Karana erlebt daher eine tiefe Einsamkeit durch die Isolation ähnlich wie Robinson und damit entspricht die Handlung in „Insel der blauen Delphine" ebenfalls dem Ausgangspunkt einer Robinsonade.

3.2.2 Überlebensarrangement

Resultierend aus der Isolation entsteht eine physische und psychische Mangelsituation und das Sein der Individuen reduziert sich auf den alleinigen Zweck des unabhängigen Überlebens (vgl. Reckwitz, 1976, S.30). Das physische Überleben meint das reine Versorgungsproblem von Nahrung, Kleidung und Behausung. Dies muss das isolierte Individuum nun allein, außerhalb seines gewohnten Kompetenzbereiches bewältigen. (vgl. Reckwitz, 1976, S.33).

Bei Crusoe zeigen sich hierbei mehrere Phasen des Überlebens. Zu Beginn sind seine Handlungen sehr instinkthaft, je länger seine Isolation jedoch fortschreitet, desto geplanter wird sein Handeln. Durch den Ausbau seiner Fähigkeiten und Überlebenstechniken, schafft er es, sich an die Umgebung anzupassen und auf diese einzustellen, um seine physische Versorgung zu sichern. Dabei muss Crusoe jedoch lernen, dass er zum Überleben aktiv werden muss, da die Umgebung ein Arbeitsfeld ist und kein „fruchtbringendes Paradiesgarten". Er stellt Waffen her, züchtet Ziegen und baut Getreide an. (vgl. Reckwitz, 1976, S.30-38). In „Insel der blauen Delphine" lernt Karana ebenfalls, wie sie auf der Insel Nahrung findet, indem sie Fische fängt, Muscheln sammelt und Pflanzen nutzt. Genau wie Crusoe lernt sie sich zu verteidigen und stellt Waffen her. Sie lernt ihre Umgebung einzuschätzen und dabei Chancen sowie Gefahren zu erkennen. Zudem baut sie sich ein Haus als Schutz und um komfortabler zu leben. Sowohl Karana als auch Crusoe müssen somit lernen, sich auf der Insel zu arrangieren, um dort überleben zu können. (vgl. O'Dell, 1966). Ein weiterer Aspekt ist jedoch das psychische Überleben. Der abrupte Verlust jeglicher Gesellschaft und Isolation auf der gesamten gewohnten und schützende Zivilisation führen zu einem großen Sicherheitsverlust und Vereinsamung (vgl. Reckwitz, 1976, S. 44). Crusoe nutzt hierbei die Religion als einen emotionalen Anker, jedoch wird immer wieder deutlich, wie sehr er unter der Isolation leidet. U.a. versucht Crusoe die Einsamkeit mit Hilfe von Selbstgesprächen zu überwinden. Als er mit Freitag einen Gefährten erhält, verbessert sich seine Stimmung auffallend und ihm fällt das Überleben auf der Insel seither deutlich leichter. (vgl. Reckwitz, 1976, S.30-75). Karana hingegen baut in ihrer Isolation eine sehr starke Beziehung zur Tierwelt auf. Vor allem die Verbindung zum Leithund verschafft ihr das Gefühl von Gemeinschaft und es hilft ihr, sich nicht so allein zu fühlen. (vgl. O'Dell, 1966). Insgesamt zeichnen sich somit beide Geschichten auffällig durch ein physisches und auch psychisches Überlebensarrangement aus.

3.2.3 Natur-Zivilisation-Konflikt

Das Auffinden in Isolation bedeutet für die Individuen, das Aufgeben der bekannten Zivilisation und das neue Aufbauen ähnlicher Strukturen in einer bisher unberührten Natur. Vermeintlich selbstverständliche Muster der vorherigen Zivilisation sind nicht vorzufinden und auch nur bedingt, in die neue Umgebung übertragar. Es entsteht ein Konflikt zwischen Naturzustand und Zivilisation. (vgl. Reckwitz, 1976, S.76-94). Wichtig zu erwähnen ist hierbei jedoch, dass diese Bewertung aus der subjektiven Perspektive des oder der isolierten Person ausgeht. In „Robinson Crusoe" herrscht die europäische Sicht. Er kennt es zum Bäcker zu gehen und sich Kleidung schneidern zu lassen. Karana hingegen kennt das Leben auf dieser Insel bereits vor der Isolation. Crusoe sieht die Insel zunächst nur als einen gefährlichen Ort und die Natur dort lediglich als sein Mittel zum Überleben, ohne diese zu achten oder zu schützen. Im Laufe der Zeit schafft er es dadurch, grundlegende zivilisierte Strukturen zu integrieren und nicht zu verwildern. Crusoe versucht dabei eine Art von Gesellschaft und Ordnung auf der Insel aufzubauen, indem er Tiere zähmt, eine Unterkunft baut und das Land kultiviert. Der Konflikt entsteht dabei aus seinen Bemühungen, die Umgebung zu kontrollieren und menschliche Ordnung zu schaffen, ohne den Charakter der Natur zu beachten. Im Laufe der Zeit schafft er die Natur besser wahrzunehmen und eine Bindung zur ihr aufzubauen und sie zu achten. (vgl. Reckwitz, 1976, S.76-94). Karana geht im Gegensatz zu Crusoe von Beginn an sehr viel respektvoller und vertrauter mit der Natur um. Sie nutzt die natürlichen Ressourcen zum Überleben, aber sie handelt nicht im Widerspruch zur Natur. Ihre Konflikte entstehen dabei eher durch die Wildnis, wie z.b. durch die wilden Hunden, als aus einer direkten Auseinandersetzung zwischen Zivilisation und Natur. Für Karana stellt die Isolation und die damit verbundene Aufgabe der selbstständigen Versorgung dennoch ebenfalls eine große Herausforderung dar. Auch sie erlebt einen Konflikt zwischen ihrer alten gewohnten Zivilisation und dem neuen Naturzustand ihrer eigentlichen Heimat. Der Ort ist geologisch gesehen derselbe, jedoch in einem anderen und neuen Naturzustand. (vgl. O'Dell, 1966).

Der Einbruch der Zivilisation und somit auch der Konflikt zum Naturzustand wirkt daher aus der europäischen Sicht und somit im Fall Crusoe sehr viel gewaltiger. Crusoe versucht eine viel entferntere Welt/Zivilisation an diesen neuen Ort zu integrieren, als es Karana tut, da die Insel ihr bereits bekannt ist. Der Umgang mit dem neuen Naturzustand unterscheidet sich aufgrund dieser unterschiedlichen Ausgangslage daher stark voneinander. Trotz, dass die beiden Ausgangslagen der ursprünglichen Zivilisation sich stark unterscheiden, ist in beiden Geschichten insgesamt dennoch der Natur-Zivilisation-Konflikt wahrnehmbar und somit als Merkmal einer Robinsonade zu bejahen.

3.2.4 Asyl und Exil

Die unfreiwillige Isolation geht mit dem Wunsch einher, den Ort und den Zustand der Isolation möglichst schnell zu verlassen. So wird die Insel als temporäres Exil verstanden und alle Bemühungen zielen auf eine baldige Rettung oder Flucht von diesem Ort ab. Gleichzeitig sichert einzig dieser Raum den Individuen Asyl und die Möglichkeit zu Überleben. (vgl. Reckwitz, 1976, S. 94-95).

So erkennt man bei Crusoe, dass er zunächst alles auf der Insel als gefährlich und negativ erachtet und das einzige Ziel die Rückkehr in das alte Leben ist. Er gelangt unfreiwillig, durch den Schiffbruch, auf die Insel, wo er exiliert und isoliert verweilen muss. Dies stellt einen starken Exil-Charakter für Crusoe dar. Im Laufe der Zeit wächst sein Verständnis und damit der Asyl-Charakter der Insel, denn Crusoe nutzt die Insel, um sich sein Leben neu aufzubauen und deren Ressourcen, um zu überleben. Die Insel gewährt ihm Asyl. Das anfängliche Empfinden, dass die Insel durch die Abgegrenztheit und Unbekanntheit einem Exil gleicht, wird durch die Zeit daher immer schwächer. (vgl. Reckwitz, 1976, S. 94-100).

Bei Karana gestaltet sich die Bewertung der Insel als komplexer, denn für sie stellt die Insel ihr sicheres und bekanntes Umfeld da und sie entscheidet sich selbst auf der Insel zu bleiben, anstatt eine unsichere Rettung mit Misstrauen anzutreten. Sie weiß den Asyl-Charakter der Insel von Beginn an stark zu schätzen. Dennoch bringt die Isolation und besonders die wilden Hunde eine große Angst in ihr hervor, so dass auch Sie auf der Insel das Gefühl des Gefangenseins wahrnimmt und ihre Angst und ihr Misstrauen die Insel als Exil für Asyl in Kauf nimmt. Dennoch ist dieses nicht dem Exil-Charakter gleichzusetzen, den Crusoe empfindet, da Karana begründet, aus eigener Entscheidung, auf der Insel bleibt. (vgl. O'Dell, 1966). Der Exil- sowie der Asyl-Charakter ist damit grundlegend in beiden Handlungen spürbar.

3.2.5 Reise nach Innen

Die Robinsonade konzentriert sich besonders auf die Individuen und deren Entwicklung, Gefühle und Handlungen. So geht mit der plötzlichen Veränderung der Lebens-bedingungen und das Verlassen des gewohnten Umfeldes ein starker Perspektivwechsel einher. Dadurch, dass der Mensch aus seinem oder ihrem normalen Lebenszusammenhang herausgerissen wird, erfolgt eine naturgemäße Konzentration des Interesses auf das losgelöste ‚absolute' Individuum. Das Individuum ist hierbei keine konstante Größe, sondern ein zu entwickelndes, dynamisches Potenzial, was zunächst unbekannt ist und erst in der Isolation und dem neuen Lebensraum sichtbar wird. (vgl. Reckwitz, 1976, S.100). Bei Robinson lassen sich zwei große persönliche Entwicklungen ausmachen. Zum Einen die religiöse Entwicklung, bei welcher er während seiner Zeit auf der Insel zu Gott findet, als seine Quelle von Sicherheit und Kraft. Zum Anderen lernt er durch den plötzlichen Naturzustand seine eigene gewohnte Welt und Zivilisation zu schätzen und nicht als selbstverständlich zu betrachten, indem er die Natur um sich herum neu kennenlernt und neu bewertet. Während der gesamte Geschichte steht das Denken und Reflektieren über sein Leben und seiner Vergangenheit im Zentrum des Erzählten. (vgl. Defoe, 1988; Reckwitz, 1976, S.100-104). Auch Karana wird durch die Isolation und Einsamkeit mit sich selbst konfrontiert. Besonders stark wird Karana der Wert ihrer Kultur und ihrer Familie dabei bewusst. Nach dem Tod ihres Bruders vermisst sie ihre Familie sehr. Die ursprüngliche Kultur bietet ihr in dieser Zeit eine sichere Identität und hilft ihr, sich in der Einsamkeit nicht selbst zu verlieren. Zudem entwickelt sich ihre Achtung für die Natur strak weiter und sogar zu den Hunden, obwohl einer von ihnen ihren Bruder tötete. (vgl. O'Dell, 1966). In beiden Geschichten führt der neue Lebensumstand dazu, dass sich die Protagonisten verstärkt mit sich selbst und ihrem Denken auseinandersetzen und ihre Werte überdenken. Sie lernen sich selbst im Kern besser kennen und können eine tiefe Verbindung zur umliegenden Welt aufzubauen. Beide

Individuen gehen als gereiftere und reflektiertere Menschen von der Insel. Sie sind somit nicht nur Erforscher der Umwelt, sondern auch seiner/ihrer Selbst (vgl. Reckwitz, 1976, S.101).

3.2.6 Modell als Vorbild oder Abbild

„Die Robinsonade ist ein Wirklichkeitsmodell mit allen erkenntnismäßigen Vorzügen, die ihr überschaubarer Modellcharakter gegenüber der diffusen, unüberschaubaren Realität bietet"(Rechwitz, 1976, S.107). Das isolierten Individuum fungiert als Stellvertreter der Menschheit und die Insel als stellvertretende Welt, auf welcher die ganze Fülle der ‚großen' Welt reduziert wird und so Antworten auf die verschiedensten Fragen liefern kann. In diesem Umstand liegt die Lehrhaftigkeit der Robinsonade (Vgl. Reckwitz, 1976, S. 107). Die Interpretation der Geschichte und die Anwendbarkeit auf die reale Welt ist sehr subjektiv und zudem auch vom zeitlichen Kontext abhängig. In „Robinson Crusoe" erlebt man diesen Modellcharakter vor allem durch die starke Wertschätzung für den Konsum und dem vorherigen Leben im Allgemeinen. Die Einsamkeit, sowie die Beschäftigung mit der Religion verdeutlichen zudem den Wert und das Streben nach Gemeinschaft und einer spirituellen Erfüllung eines jeden Menschen. Des Weiteren macht die Geschichte die Anpassungs- und Überlebensfähigkeit eines Einzelnen und die Bedeutung aber auch die resultierende Verantwortung der Umwelt gegenüber sichtbar. (vgl. Defoe, 1988). In „Insel der blauen Delphine" lässt sich ebenfalls die Sehnsucht nach menschlicher Gesellschaft als das grundlegende Bedürfnis des Menschen hervorheben. Karanas Überleben spiegelt zudem die Fähigkeit eines einzelnen Individuums wider, dass er/sie sehr viele Fähigkeiten erlernen kann und zugleich ein Leben im Einklang mit der Natur möglich ist. Ein Thema, welches sich in „Robinson Crusoe" nicht so explizit finden lässt, ist das Thema des Verlustes und der Umgang mit diesem zu nennen. Als Karanas Bruder von den Hunde getötet wird, ist sie zunächst voller Trauer und Wut der Wildnis gegenüber, jedoch verarbeitet sie diesen Verlust und sie zeigt, dass der Mensch vergeben kann, indem sie sich mit den Hunden versöhnt. Insgesamt kann eine Bandbreite an Lehrhaftigkeit in beiden Geschichten ermittelt werden, die je nach subjektivem und historischem Ausgangspunkt verschiedenste Abbilder und Vorbilder der Welt darstellen können und hier nur angerissen wurden.

3.2.7 Robinsonaden Charakteristika - Fazit

Insgesamt kann nach dieser Untersuchung der Tatbestand, dass es sich bei „Insel der blauen Delphine" um eine „Version der Geschichte Robinson Crusoes" handelt bejaht werden. Somit ist das Buch zugleich der Gattung ‚Robinsonade' zuzuordnen.

3.3 Weiblichkeit und Robinsonade

Der zweite Tatbestand „Weibliche Version" ist zusätzlich kurz zu prüfen. Da es sich bei Karana um eine weibliche Protagonistin handelt, ist dieser Tatbestand grundsätzlich, ohne weitere Prüfung, zu bejahen. Dennoch soll hier im Folgenden kurz die Vereinbarkeit von Weiblichkeit und Robinsonade thematisiert werden, da der Ursprung der Robinsonade auf einen männlichen Protagonisten zurückzuführen ist. Crusoe wird dabei grundsätzlich mit der Rolle des „Versorgers" und „mutigen Forschers" assoziiert. Solche Rollen werden häufig mit Eigenschaften verknüpft, die meist zugleich als männlich bewertet werden. Diese Gleichsetzung von Rollen mit Geschlechterbildern hat in den letzten Jahren jedoch einen starken Wandel erlebt. In der Entstehungszeit von „Robinson Crusoe" kann jedoch von einer Gleichsetzung ausgegangen werden und somit wurde die klassische, ursprüngliche Robinsonade vermutlich als eine Geschichte mit männlichen Protagonisten verstanden. Aus der heutigen Sicht sollte jedoch keine Ambivalenz zwischen den Eigenschaften einer Rolle und dem Geschlecht gesehen werden. Daher kann eine, den aktuellen Strömungen angepasste Robinsonade, ebenfalls von weiblichen Protagonistinnen handeln. Die „Insel der blauen Delphine" stellt somit eine aktuelle Version und Perspektive der Robinsonade dar. (vgl. Bosse, 2000). Der Tatbestand kann somit bejaht und als vereinbar bewertet werden.

3.4 Beantwortung der Fragestellung

Die Ausgangsfrage „Stellt das Jugendbuch „Insel der blauen Delphine" von Scott O'Dell eine weibliche Version der Geschichte Robinson Crusoes dar?" kann abschließen bejaht werden. In „Insel der blauen Delphine" lassen sich eindeutig die Aspekte der Robinsonade finden, trotz teilweise stark unterschiedlicher Ausprägungen im Vergleich zu „Robinson Crusoe". Vor allem die thematischen Schwerpunkte unterscheiden sich, sowie die daraus resultierende Lehrhaftigkeit, was sich u.a. unter Rückbezug der zeitlichen Kontexte begründen lässt. Je nach Historie sind und waren bestimmte Themen in einer Gesellschaft besonders relevant sind und dies spiegelt sich in der Literatur wider.

Literaturverzeichnis

Bosse, Anke/Ruthner, Clemens (Hrsg.): Eine geheime Schrift aus diesem Splitterwerk enträtseln …,Tübingen: Francke: 2000, S.193-205.

Brunner, Horst: Die poetische Insel: Insel und Inselvorstellungen in der deutschen Literatur, Stuttgart: Metzler, 1967, S. 95-265.

Defoe, Daniel: Robinson Crusoe, in: Bibliothek der Abenteuer, 2. Aufl., Würzburg: Arena, 1988.

Klinger, Janette: Der Mensch in der Gemeinschaft: Kurzzusammenfassung des Romanes „Robinson Crusoe" von Daniel Defoe, Stuttgart: Ernst Klett, 2013, S.57.

O'Dell, Scott: Insel der Blauen Delphine: Das Leben und die Abenteuer des Indianermädchens Karina auf einer einsamen Insel im Pazifik, 8. Aufl., Olten und Freiburg im Breisgau: Walter, 1966.

Pichler, Georg/Jurcic, Christina/Arano, Francisca Roca/Siguan, Marisa (Hrsg.): Insel als literarischer und kultureller Raum: Utopien, Dystopien, Narrative der Reise, Berlin: Peter Lang, 2023, S.1-29.

Reckwitz, Erhard: Die Robinsonade: Themen und Formen einer literarischen Gattung, Amsterdam: Grüner, 1976.

Weber, Jochen: Von Robinson bis Lummerland: Die Insel als Motiv in der Kinder- und Jugendliteratur, München: Internat. Jugendbibliothek, 1995.

Morus, Thomas: Utopia in Ritter, Gerhard (Hrsg.), Utopia, Leipzig: Reclam, 1986

2.2 Utopie und Dystopie

Besonders häufig lässt sich der Ort Insel im Zusammenhang mit den Gattungen Dystopie und Utopie finden. Die Gattung Utopie lässt sich auf das von Thomas Morus 1516 erschienene Werk „Utopia" zurückführen. In dem Werk „Utopia" beschreibt Morus das Idealbild eines sozialen Staates und kritisiert gleichzeitig die bestehenden Staatsformen. Das Buch erzählt aus der Sicht eines Seefahrers in Form eines Reiseberichtes. Der Seefahrer berichtet hierbei von der Insel Utopia, auf welcher ideale gesellschaftliche Zustände herrschen, alle Menschen gleich sind und es kein Privateigentum gibt. (vgl. Morus, 1986). Basierend auf dieser Erzählung entstand die Gattung „Utopie". Eine Utopie beschreibt demnach einen fiktiven und wünschenswerten Entwurf einer Gesellschafts- und Staatsordnung. Als Gegenstück ist lange Zeit später, nach der Industrialisierung, die Gattung „Dystopie" entstanden. Hierbei handelt es sich ebenfalls um einen fiktiven Entwurf einen Gesellschaftsordnung, jedoch ist diese Zukunftsvorstellung düsterer und die Ereignisse meist katastrophal. Die Gattung Dystopie stellt damit die Gegengattung zur Gattung Utopie dar.

Bereits in Utopia, also dem Urspruch, wird sichtbar, dass die Insel als Ort in der Utopie Anwendung findet. Und auch in vielen folgenden Utopien und Dystopien wurde und wird die Insel als Ort der Handlung aufgegriffen. Dies ist u.a. mit der Eigenschaft des Inselraumes zu begründen, denn der Inselraum bietet durch seine Trennung zu anderen Staaten, eine besondere Möglichkeit der Etablierung und der Vorstellung neuer und unabhängiger Gesellschafts- und Staatsordnungen.

Abzugrenzen von Utopie und Dystopie ist Gattung Robinsonade.

4. Abschluss

Insgesamt stellt diese Arbeit den Ort ‚Insel' und die exemplarische Nutzung dieses Ortes anhand zweier Werke vor. Die beiden Robinsonaden verdeutlichen hierbei die Bedeutsamkeit und die Möglichkeiten der Insel als Ort in Literatur.

BEI GRIN MACHT SICH IHR WISSEN BEZAHLT

- Wir veröffentlichen Ihre Hausarbeit, Bachelor- und Masterarbeit

- Ihr eigenes eBook und Buch - weltweit in allen wichtigen Shops

- Verdienen Sie an jedem Verkauf

Jetzt bei www.GRIN.com hochladen und kostenlos publizieren